えいごで日記

Let's write a diary in English!

能島 久美江
アルゴクラブ in English 主宰

Let's write a diary in English!

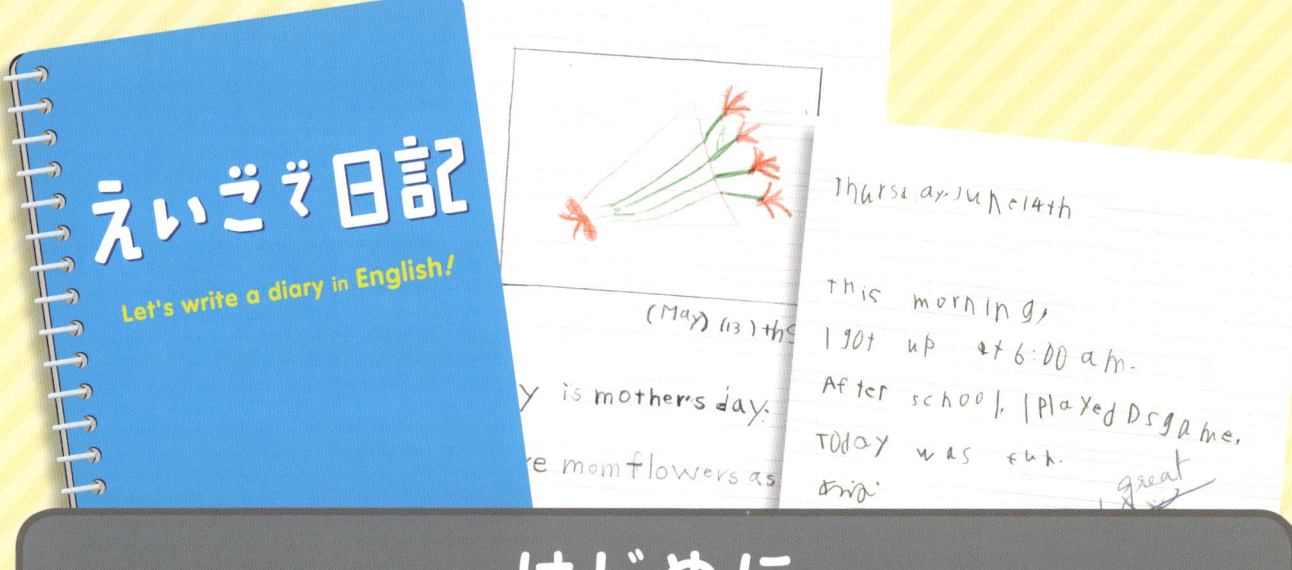

はじめに

「英語で考え、英語で自分を表現できる子どもたちを育てたい！」

　これが、国際線キャビンアテンダントとして世界中の人たちと交流する中で、私の中に生まれた強い思いでした。念願かなって開設した英語教室にて、幼児から小学生までの子どもたちを教えながらわかったことは、「文章を書かないと英語の表現力は向上しない」という事実でした。

　かといって、初めて英語に触れる子どもたちに、英文の構造を理解させるのは大変です。英文法を教えて子どもを英語嫌いにはしたくなかったので、本当に悩みました。そこで、実際に子どもたちを指導する中で会得した、以下の事実に注目したのです。

子どもたちは、パズルのように物事を当てはめて学ぶのが好き。

シートに沿って英語を当てはめるだけなら楽しい！

　これを応用することで、文法用語を一切使わずに英文構造を理解できるような、※オリジナルシートを作成しました。実際に教室で用いて好評を得たこのシートを1冊にまとめたのが、本書『えいごで日記』です。

　本シートを使えば簡単に英語で日記が書けるので、子どもたちは本当に誇らしげに、自分の日記を教室に持ってきます。初めのうちはシートの中から選んだ単語で日記を書きますが、そのうちに欲が出てきて、使いたい単語を家族に聞いたり自分で調べたりして、英文を書いてくるようになりました。（P.10に実物掲載）

　こうなればしめたものです。受身で英語を書く段階から、「自分で進んで書く」＝「英語で自分を表現する」姿勢へと変化していく子どもたちを、私は何人も見てきました。

　えいご日記を毎日続けるのは大変です。しかし、小さな子どもでも、続けるうちに簡単な単語なら綴りを見なくても書けますし、単語と文章の並び替えの問題すらも解けるようになるのです。

　本書『えいごで日記』を通じて、子どもたちが英語で文章を書く楽しみを知り、ひいては英語で自分を表現する段階にまでたどりつくお手伝いができれば幸いです。

能島　久美江

※本シートは、2006年12月に実用新案登録を認可されました。（登録第3128500号）

『えいごで日記』の使い方

1 まず、自分が書きたい今日1日のことを、頭に思い浮かべてみよう。
（今日の天気、自分がしたことや今日の気持ち、何でもいいよ）

2 次に、日記シートの中からその内容を探して、
左から順に①→②→③→…のように、言葉を選んでいこう。

3 ノートに、選んだ言葉を順番どおりに書いていこう。
例）I go to school on Monday.

4 ほら、英語で日記が書けたよ！
最初は短い文章しか書けなくても、毎日少しずつ練習するうちに、長い日記が書けるようになるからね。

保護者の方へ

「えいごで日記」が書けるようになるまで

1 子どもに、自分の書きたい内容を頭でイメージさせます。

※子どもたちは、頭に自分の1日のイメージを浮かべることで、きちんとした日本語ではない文章・情景を、大雑把に頭の中に描きます。

2 日記シートの日本語を頼りに、
自分のイメージが当てはまる英単語を選びます。

※日記シート上には、英語の文法に合った順に英語・日本語の単語を配置してあります。シート上にある単語の中から、先ほど自分が思い浮かべたイメージに合った言葉を、左から順に選ぶ作業をさせます。
（すべてのシートにおいて、動詞が一番目立つように配置していますので、子どもが選びやすくなっています）

3 ノートへ選んだ言葉を書き写していきます。

※子どもたちは、日記シートを使って自分に合った単語を選ぶ作業を繰り返しながら、文章を作ります。

文法を意識せず英単語を組み立てる作業を繰り返す事で、子どもたちは、自然に、英語の発想で文章を作るようになります。

日記という自分の体験に即した文章なので、記憶に定着します。

毎日繰り返すことで読む能力・書く能力も向上し、身近な言葉で英文を作ることで、「英語で発想→英語で表現」がいつのまにかできるようになります。

保護者の方へ

本書の特徴と保護者の方へのお願い

本書では、主語の日本語をすべて「私（わたし）」にしています
　特に低年齢の男の子にとっては、主語が「ぼく」でないと「自分のことではない」という印象を持ってしまうこともあります。そのような場合は、保護者の方がさりげなく導いてあげてください。

本書は、英語を感覚的に身につけることを重視しています
　時には、日本語の文法とは整合性がとれない表記になっている場合もあります。例えば、P.31 の wear「着る」→ cap「帽子」などですが、ここでは、「『帽子をかぶる』ことが英語では『wear a cap』という表現で表される」ことを直感的にわからせることが目的です。したがって、日本語の表記はあくまでも「英単語理解の手助け」という役割だとお考えください。
　また、いわゆる日本語の「て・に・を・は」も、適宜省略してあります。これもなるべく日本語を介さずに英語の感覚を身につける目的で、あえて行っている手法です。

本書では、名詞の単数・複数をあえて区別していません
　「1つの場合は前に a をつける」「複数の場合は後ろに s がつく」等の説明をつけると、子どもは理屈に気を取られてしまいます。あえて文法的説明を省くことで、子どもたちは「1つの場合は a がつく、それ以上の場合は s がつく」ということを、作業を繰り返す中で自然に覚えていきます。

「えいご日記」専用のノートを用意してください
　本書には書き込みページをつけていますが、これは子どもたちがすぐに書き出せるようにするためのものです。毎日つける日記を続けさせるためには、保護者の方が専用のノートを用意してあげてください。その際、できれば英語専用の罫線が書かれたもの（P.9 参照）にしてください。子どもたちは、のびのびと日記を綴る楽しみを覚えるようになります。

単語の区切りを教えてあげてください
　英単語と英単語の間にスペースを空けて書くことは、子どもにとっては意外と難しいことであり、なかなか上手にできません。
　そこで、子どもが1つ単語を書いたら、利き手でない方の人差し指をその単語の右隣に添えて置くよう教えてあげてください。次に、その指の右隣から、続く英単語を書くよう指導します。こうすると、スムーズに単語と単語の間を空けて英語の文章を書く習慣がつきます。

細かい間違いを指摘しないでください
　英語に慣れない子どもたちは、スペルミスや大文字と小文字の間違い、単語区切りの間違いなど、小さなミスを繰り返します。ですが、そのような点を事細かに指摘しないようにしてください。子どもたちに、英語で日記が書ける楽しみを感じさせてください。

Contents もくじ

はじめに …2　「えいごで日記」の使い方 …3　「えいごで日記」が書けるようになるまで …4
本書の特徴と保護者の方へのお願い …5　アルファベットの書き方 …8

Part 1　11

1	Date/Season/Time 日付・季節・時間	12
2	Weather 天気	14
	Diary & Quiz 1	15
3	Daily Routine 1日の行動	16
	Diary & Quiz 2	19
4	Feelings 今日の気持ち	20
5	Monthly Sheets 毎月の行動シート	24
	Diary & Quiz 3	36
	Diary & Quiz 4	37
	Diary & Quiz 5	38

Part 2　39

1	About Myself and My Family 自分のことや家族のこと	40
	Diary & Introduction 1	47
2	Around Me 周りの物のこと	48
	Diary & Introduction 2	52

Part 3 — 53

1 Everyday Activities ; Morning　毎日の行動・朝　54
open 開ける / look 見る / wash 洗う / choose 選ぶ / have（持つ）/ use 使う / run 走る

    Diary & Introduction 3　61

2 Everyday Activities ; Day　毎日の行動・昼　62
sit 座る / study 勉強する / borrow 借りる / listen 聞く / read 読む / sing 歌う / write 書く

    Diary & Introduction 4　69

3 Everyday Activities ; Evening　毎日の行動・夕方　70
talk 話す / swim 泳ぐ / play（遊ぶ）/ explain 説明する / win 勝つ / enjoy 楽しむ

4 Everyday Activities ; Night　毎日の行動・夜　76
help 助ける / cook 料理する / serve 出す（給仕する）/ celebrate 祝う / watch 見る / close 閉める / sleep 眠る

    Diary & Introduction 5　83
    Diary & Introduction 5　84

Part 4 — 85

1 Making Questions and Answers　86
自分や周りへの質問

    Question & Answer 1　94
    Question & Answer 2　95

アルファベットの書き方

英語の文字を練習してみよう。

どこから書き始めるかに注意してね。

保護者の方へ

子どもたちに、正しいアルファベットの書き方を練習させてください。
正しい文字の形と書き順を、基本として身につけておく必要があります。

えいごで日記
Let's write a diary in English!

※子ども英語教室「アルゴクラブ in English」にて、
6〜9歳の子どもたちが実際に書いた「えいご日記」です

1　Date/Season/Time
日付・季節・時間

2　Weather
天気

3　Daily Routine
1日の行動

4　Feelings
今日の気持ち

5　Monthly Sheets
毎月の行動シート

ここでは、日記を書くのに役立つ表現を練習してみよう。
今日の日付や天気、気持ちが英語で書けるようになるよ。
1回で書けなくても大丈夫。
毎日少しずつ書いてみよう。

保護者の方へ

　Part 1では、子どもたちが日記を書くのに必要な表現をまとめました。繰り返すうちに、時を表す it や at, on, in など、子どもは自然に身につけます。1〜4のシートで、日々の簡単な行動が英語で記せます。5では、月ごとのイラストを豊富に用い、子どもたちが楽しみながら選べるようになっています。

1-1 日付・季節・時間

Date/Season/Time

It is (日付は) →

- Monday, 月曜日
- Tuesday, 火曜日
- Wednesday, 水曜日
- Thursday, 木曜日
- Friday, 金曜日
- Saturday, 土曜日
- Sunday, 日曜日

→

- January 1月
- February 2月
- March 3月
- April 4月
- May 5月
- June 6月
- July 7月
- August 8月
- September 9月
- October 10月
- November 11月
- December 12月

→ the

- 1st · 17th
- 2nd · 18th
- 3rd · 19th
- 4th · 20th
- 5th · 21st
- 6th · 22nd
- 7th · 23rd
- 8th · 24th
- 9th · 25th
- 10th · 26th
- 11th · 27th
- 12th · 28th
- 13th · 29th
- 14th · 30th
- 15th · 31st
- 16th

→ , →

- 2009.
- 2010.
- 2011.
- 2012.

The season is (季節は) →
- spring. 春
- summer. 夏
- autumn/fall. 秋
- winter. 冬

It is (時間（〜時）) →
__ : __ a.m./p.m.
午前 / 午後

The year is (〜年) →
- 2009.
- 2010.
- 2011.
  :

Date/Season/Time

日付・季節・時間 1-1

| I 私は | am going to meet my friend 友達に会いに行く | → at → | 6 o'clock. 6時
7 o'clock. 7時
8 o'clock. 8時
9 o'clock. 9時 |

My school 私の学校は → starts 始まる → at

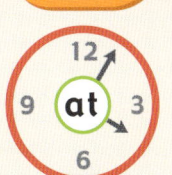

| I 私は | • go to school 学校へ行く
• do not go to school 学校へ行かない
• have an exam テストがある | → on → | • Monday. 月曜日
• Tuesday. 火曜日
• Wednesday. 水曜日
• Thursday. 木曜日
• Friday. 金曜日
• Saturday. 土曜日
• Sunday. 日曜日 |

on

| | • am going on holiday 旅行に行く
• planted flowers 花を植えた
• moved house 引越した | → in → | • January. 1月
• February. 2月
• spring. 春
• summer. 夏
• 2009. 2009年 |

in

1 天気 / Weather

Part 1

Today, 今日 → **the weather was** 天気は →

Tomorrow, 明日 → **the weather will be** 天気は（未来のこと） →

- **hot.** 暑い
- **warm.** 暖かい
- **cold.** 寒い
- **cool.** 涼しい
- **snowy.** 雪
- **rainy.** 雨
- **sunny.** 晴れ
- **cloudy.** くもり
- **humid.** しめった
- **windy.** 風の吹く
- **stormy.** 嵐
- **foggy.** 霧の深い

Diary & Quiz

Diary 1 　日記1

Date:

Quiz 1 　クイズ1

Color the smaller one.

- color
  色をつける
- smaller
  小さいほう
- bigger
  大きいほう

Color the bigger one.

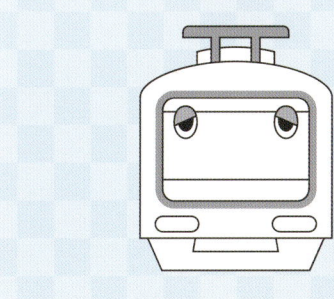 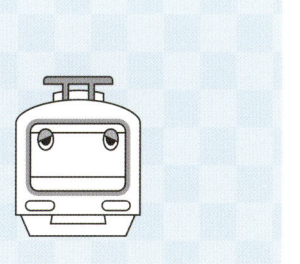

Daily Routine

1-3 1日(にち)の行動(こうどう)

Part 1-3

- Every morning, 毎朝(まいあさ)
- This morning, 今朝(けさ)
- Tomorrow morning, 明日(あした)の朝(あさ)

I 私(わたし)は

- get up 起(お)きる
- got up 起(お)きた
- will get up 起(お)きるでしょう

→ at ___:___ （起(お)きた時間(じかん)） a.m./p.m. 午前(ごぜん)/午後(ごご)

- go to the bathroom. トイレに行(い)く
- went to the bathroom. トイレに行(い)った
- will go to the bathroom. トイレに行(い)くでしょう

- wash my face. 顔(かお)を洗(あら)う
- washed my face. 顔(かお)を洗(あら)った
- will wash my face. 顔(かお)を洗(あら)うでしょう

- brush my teeth. 歯(は)をみがく
- brushed my teeth. 歯(は)をみがいた
- will brush my teeth. 歯(は)をみがくでしょう

- comb my hair. 髪(かみ)をとかす
- combed my hair. 髪(かみ)をとかした
- will comb my hair. 髪(かみ)をとかすでしょう

- get dressed. 服(ふく)を着(き)ます
- got dressed. 服(ふく)を着(き)た
- will get dressed. 服(ふく)を着(き)るでしょう

- eat 食(た)べる
- ate 食(た)べた
- will eat 食(た)べるでしょう

→
- toast トースト
- cereal コーンフレーク
- rice ごはん
- yogurt ヨーグルト

→ for breakfast. 朝(あさ)ごはん

16 sixteen Daily Routine

Daily Routine

1日の行動 1/3

Part 1 / 3

- This afternoon, 今日の午後
- In the afternoon, 午後(毎日)
- Before school, 学校の前に
- After school, 学校の後で
- After that, その後で
- Then, それから
- ※and, そして

※ 前の文章に続けて書く場合は、最初の文字は小文字になる

- I went to 行きました
- I will go to 行くでしょう
  - school. 学校
  - my friend's house. 友達の家
  - _____. (場所の名前)
  - _____ training. (スポーツの名前)の練習

- I met 会いました
- I will meet 会うでしょう
  - my friend. 友達
  - my teacher. 先生
  - _____. (人の名前)

- I studied 勉強した
- I will study 勉強するでしょう
  - English. 英語
  - mathematics. 算数
  - Japanese. 国語
  - science. 理科

- I cleaned 掃除しました
- I will clean 掃除するでしょう
  - my room. 自分の部屋
  - my desk. 机
  - the kitchen. 台所
  - the bath. お風呂

- I practiced 練習しました
- I will practice 練習するでしょう
  - reading. 読むこと
  - writing. 書くこと
  - English. 英語
  - swimming. 水泳

- I ate 食べました
- I will eat 食べるでしょう
  - a sandwich サンドイッチ
  - a packed lunch お弁当
  - for lunch. 昼ごはん

- I played しました
- I will play するでしょう
  - soccer サッカー
  - baseball 野球
  - volleyball バレーボール
  - the piano ピアノ
  - video games ビデオゲーム
  - with my friend. 友達と
  - with my friends. 友達たちと

Daily Routine   seventeen 17

Daily Routine

1-3 1日の行動
こうどう

Part 1-3

- **This evening,** 今日の夕方
きょう ゆうがた
- **In the evening,** 夕方（毎日）
ゆうがた まいにち
- **At night,** 夜
よる

- **I ate** 食べました
た
- **I will eat** 食べるでしょう
た

_____
（食べ物の名前）
た もの なまえ

- **for dinner.** 晩ごはん
ばん
- **for dessert.** デザート

- **Today was** 今日は
きょう
- **Tomorrow will be** 明日は
あした

- **fun.** 楽しい
たの
- **boring.** 退屈
たいくつ
- **exciting.** 楽しい（興奮気味に）
たの こうふんぎみ
- **tiring.** 疲れる
つか

Diary & Quiz

Diary 2　日記2

Date: _____
（日付）

Quiz 2　クイズ2

Color the smallest one.

- color
  色をつける
- smallest
  一番小さいもの
- biggest
  一番大きいもの

Color the biggest one.

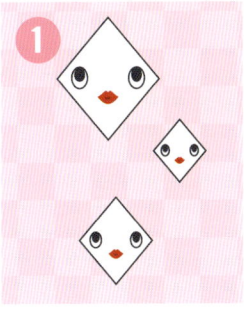  

1-4 今日の気持ち

Feelings

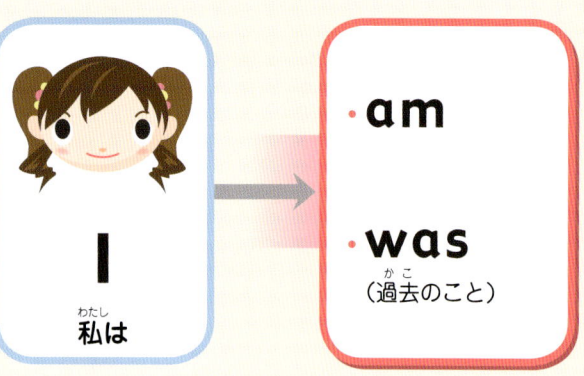

I (私は) → am / was (過去のこと)

excited. 興奮する

happy. うれしい、楽しい

sleepy. 眠い

sad. 悲しい

Feelings

今日の気持ち

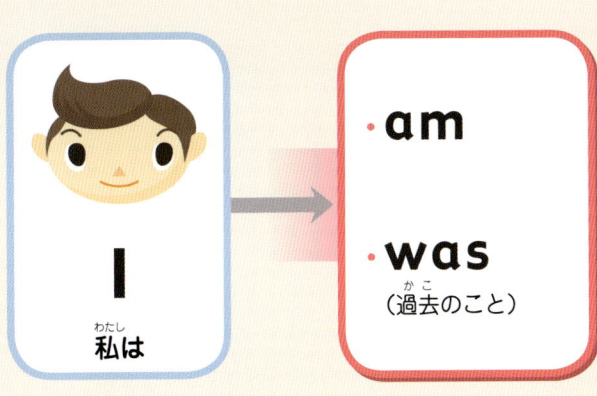

bored. 退屈

hot. 暑い

cold. 寒い

angry. 怒った

Feelings

1-4 今日の気持ち

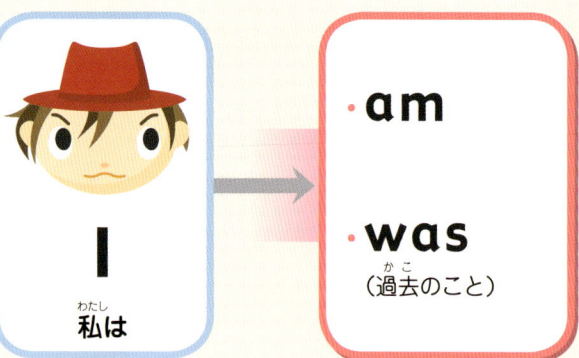

I 私は → am / was（過去のこと）

hungry.
おなかがすいた

thirsty.
のどがかわいた

dizzy.
めまいがする

sick.
吐き気がする

Feelings

今日の気持ち 1/4

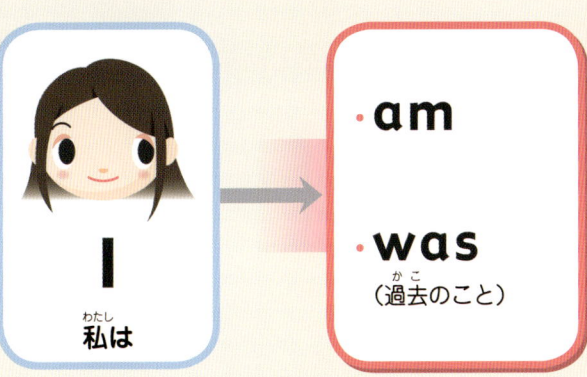

I 私は

- am
- was（過去のこと）

worried. 悩んでいる

scared. こわがる

embarrassed. 恥ずかしい、きまりが悪い

surprised. 驚く

Part 1/4

January 1月

1-5 毎月の行動シート

I 私は

- eat 食べる
- ate 食べた
- will eat 食べるでしょう

  - rice cakes.  お餅
  - Osechi.  おせち料理
  - rice cake boiled with vegetables.  お雑煮
  - the Feast of the Seven Herbs in rice congee.  七草粥

- play 遊ぶ
- played 遊んだ
- will play 遊ぶでしょう

  - Karuta.  かるた
  - with a top.  コマ

- go to 行く
- went to 行った
- will go to 行くでしょう

  - visit the Shinto shrine.  神社に初詣
  - see the sunrise on New Year's Day.  初日の出を見る

- receive もらう
- received もらった
- will receive もらうでしょう

  - New Year's money.  お年玉
  - New Year's cards.  年賀状

Monthly Sheets

February 2月

I
私は

- enjoy
  楽しむ
- enjoyed
  楽しんだ
- will enjoy
  楽しむでしょう

- the bean-throwing ceremony.
  豆まき

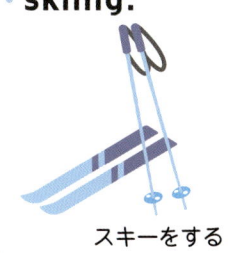
- skiing.
  スキーをする

- skating.
  スケートをする

- a snowball fight.
  雪合戦

- give
  あげる
- gave
  あげた
- will give
  あげるでしょう

- receive
  もらう
- received
  もらった
- will receive
  もらうでしょう

- a Valentine's Day present.
  バレンタインのプレゼント

- chocolate.
  チョコレート

Monthly Sheets

March 3月

I 私は

- enjoy 楽しむ
- enjoyed 楽しんだ
- will enjoy 楽しむでしょう

- the Girls' Festival. ひな祭り
- delicious food. おいしい食べもの
- the spring holiday. 春休み
- gathering seashells. 潮干狩り

- celebrate 祝う
- celebrated 祝った
- will celebrate 祝うでしょう

- a graduation ceremony. 卒業式
- Easter. イースター

- receive もらう
- received もらった
- will receive もらうでしょう

- give あげる
- gave あげた
- will give あげるでしょう

- a White Day present. ホワイトデーのプレゼント
- Easter eggs. イースターエッグ

April 4月

毎月の行動シート 1/5

I
私は

- **go to**
  行く
- **went to**
  行った
- **will go to**
  行くでしょう

・see cherry blossoms.
お花見

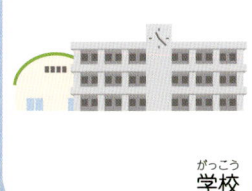
・school.
学校

・kindergarten. 
幼稚園

・see a swallow's nest.
ツバメの巣を見に

- **celebrate**
  祝う
- **celebrated**
  祝った
- **will celebrate**
  祝うでしょう

・an entrance ceremony. 
入学式

・the Buddha's Birthday Festival.
花祭り

- **have**
  持つ
- **had**
  持った
- **will have**
  持つでしょう

・an allergy.
アレルギー（がある）

・a cold.
風邪（をひく）

- **tell**
  言う
- **told**
  言った
- **will tell**
  言うでしょう

・a lie.
うそ

・about my school day.
学校生活について

Monthly Sheets

Part 1/5

May 5月

I 私は

- like 好き
- liked 好きだった
- will like 好きでしょう

the carp streamers. こいのぼり

the iris bath. 菖蒲湯

Kashiwamochi. 柏餅

Chimaki. ちまき

- celebrate 祝う
- celebrated 祝った
- will celebrate 祝うでしょう

the Boys' Festival. 端午の節句

Mother's Day. 母の日

- buy 買う
- bought 買った
- will buy 買うでしょう

a carnation /carnations. 1本のカーネーション/何本かのカーネーション

a present. プレゼント

- go 行く
- went 行った
- will go 行くでしょう

on an excursion. 遠足に

on a trip. 旅行に

Monthly Sheets

June 6月

毎月の行動シート 1/5

I
私は

- **change**
  変える
- **changed**
  変えた
- **will change**
  変えるでしょう

→ • my clothes to summer clothes.
服（衣替え）

• my uniform to a summer uniform.
制服

- **brush**
  みがく
- **brushed**
  みがいた
- **will brush**
  みがくでしょう

→ • my teeth.
私の歯

• my hair.
髪の毛

- **start**
  始める
- **started**
  始めた
- **will start**
  始めるでしょう

→ • swimming.
泳ぐこと

• studying English.
英語の勉強

- **serve**
  出す（給仕する）
- **served**
  出した
- **will serve**
  出すでしょう

→ • a beer to my father.
お父さんにビール

• some cherries.
いくつかのさくらんぼ

Part 1/5

Monthly Sheets

July 7月

I 私は

- look 見る
- looked 見た
- will look 見るでしょう

→ at the stars. 星を

at the Milky Way. 天の川

- write 書く
- wrote 書いた
- will write 書くでしょう

→ summer greeting cards. 暑中見舞い

in my picture diary. 絵日記

- swim 泳ぐ
- swam 泳いだ
- will swim 泳ぐでしょう

→ in the pool. プールで

in the sea. 海で

- catch 捕まえる
- caught 捕まえた
- will catch 捕まえるでしょう

→ a cicada. 1匹のセミ

a beetle. 1匹のカブトムシ

Monthly Sheets

August 8月

I 私は

- enjoy 楽しむ
- enjoyed 楽しんだ
- will enjoy 楽しむでしょう

• the Obon dance. 盆踊り

• the fireworks. 花火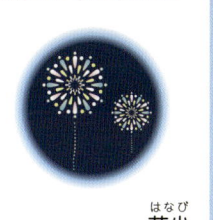

- pray 祈る
- prayed 祈った
- will pray 祈るでしょう

• to my ancestors. ご先祖様へ

• on Aug 6th/ on Aug 9th. 原爆記念日に

- wear 着る
- wore 着た
- will wear 着るでしょう

• my Yukata. ゆかた

• a cap. 帽子

- make 料理する
- made 料理した
- will make 料理するでしょう

• cold noodles. そうめん

• eel. うなぎ

Monthly Sheets

September 9月

1-5 毎月の行動シート

I
私は

- go to see
  見に行く
- went to see
  見に行った
- will go to see
  見に行くでしょう

→ the full moon.
満月

→ a police car.
パトカー

- visit
  訪問する
- visited
  訪問した
- will visit
  訪問するでしょう

→ my grandparents.
祖父母

→ a fire station.
消防署

- make
  作る
- made
  作った
- will make
  作るでしょう

→ Otsukimi dumplings.
月見だんご

→ a Teru-Teru-Bouzu for fine weather.
てるてる坊主

- explain
  説明する
- explained
  説明した
- will explain
  説明するでしょう

→ seven kinds of autumn flowers.
秋の七草

→ the reason for Otsukimi.
お月見の理由

Monthly Sheets

October 10月

毎月の行動シート 1/5

Part 1/5

I
私は

- **win**
  勝つ
- **won**
  勝った
- **will win**
  勝つでしょう

- the 100m sprint.

100メートル競争

- on the Sports Day.

運動会

- **read**
  読む
- **read**
  読んだ
- **will read**
  読むでしょう

- my favorite book.

お気に入りの本

_____.
(book's name)

(本の名前)

- **dig up**
  掘る
- **dug up**
  掘った
- **will dig up**
  掘るでしょう

- some sweet potatoes.

さつま芋

- a radish.

大根

- **go to**
  行く
- **went to**
  行った
- **will go to**
  行くでしょう

- a Halloween party.

ハロウィーンのパーティー

- see the autumn leaves.

もみじ狩り

Monthly Sheets

November 11月

1-5 毎月の行動シート

Part 1-5

I
私は

- wear 着る
- wore 着た
- will wear 着るでしょう

a Kimono.
着物

a suit.
スーツ

- take pictures 写真を撮る
- took pictures 写真を撮った
- will take pictures 写真を撮るでしょう

of the Seven-Five-Three Festival.
七五三の

of my family.
家族の

- thank 感謝する
- thanked 感謝した
- will thank 感謝するでしょう

my father for working.
お仕事をするお父さん

my mother for working.
お仕事をするお母さん

- feel 感じる
- felt 感じた
- will feel 感じるでしょう

warm.
暖かい

cold.
寒い

34 thirty-four　　Monthly Sheets

December 12月

I
私は

- enjoy 楽しむ
- enjoyed 楽しんだ
- will enjoy 楽しむでしょう

- the Christmas party.
クリスマス会

- New Year's Eve.
大晦日

- clean up 掃除する
- cleaned up 掃除した
- will clean up 掃除するでしょう

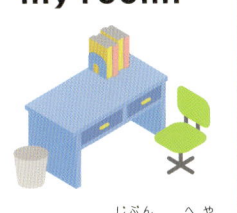
- my room.
自分の部屋

- the house.
家の中

- try 挑戦する
- tried 挑戦した
- will try 挑戦するでしょう

- making rice cakes.
餅つき

- hard in the school play.
学芸会を一生懸命

- am happy about 幸せ
- was happy about 幸せだった
- will be happy about 幸せでしょう

- the start of the winter holiday.
冬休みの始まり

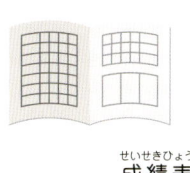
- my school report.
成績表

Monthly Sheets

Diary & Quiz

Diary 3　日記3　　Date:
（日づけ）

Quiz 3　クイズ3

Circle the object in front.

① 　②

Cross out the object behind.

① 　②

- **circle**
  丸をつける
- **cross out**
  バツをつける
- **the object**
  もの
- **in front**
  前のほう
- **behind**
  後ろのほう

Diary & Quiz

Diary 4 日記4

Date:
（日付）

Part 1

5

Quiz 4 クイズ4

Circle the object on the right.

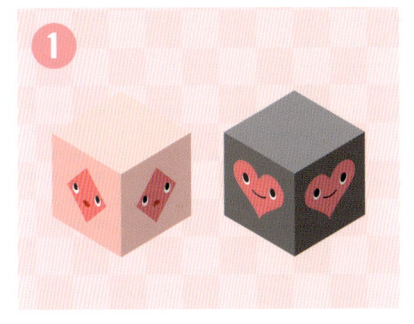

① ②

Cross out the object on the left.

① ②

- **on the right**
  右側
- **on the left**
  左側

Diary & Quiz thirty-seven **37**

Diary & Quiz

Diary 5 日記5   **Date:** （日付）

Quiz 5 クイズ5

Circle the object on the table.

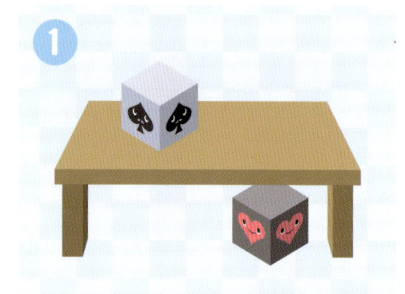

① ②

Cross out the object in the box.

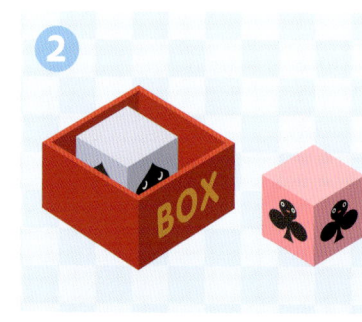

① ②

- **on the table**
  机の上
- **in the box**
  箱の中

Part 2

1 About Myself and My Family
自分のことや家族のこと

2 Around Me
周りの物のこと

Part 2

ここでは、自分のことや家族のことを書く練習をしてみよう。

名前や年齢は、どんなふうに書けばいいかな。

周りにある物のことは、英語ではどんなふうに書くのかな。

ちょっと難しいと思っても、何度も練習するうちに、

きっとできるようになるからね。

保護者の方へ

Part2では、人や物の属性を表すための英文をまとめました。このパートをマスターすれば、基本的な英文（be動詞の使い方、肯定文、否定文、疑問文の基本表現など）がひととおり身につきます。文法を一切知らなくても、シートから選んで記すことを繰り返すだけで、三単元のsや単数のa、複数のsなど、子どもは感覚的に覚えていきます。

2-1 自分のことや家族のこと
About Myself and My Family

I am
私は

- Hinano. ／ ひなのです
- _____. ／ 名前
- Japanese. ／ 日本人です
- (　) years old. ／ (　)歳です
- a girl/girls. ／ 女の子です
- a boy/boys. ／ 男の子です
- from Osaka. ／ 大阪出身です
- a student/students. ／ 生徒
- a doctor/doctors. ／ 医者
- a nurse/nurses. ／ 看護師
- a dentist/dentists. ／ 歯医者
- a driver/drivers. ／ 運転手
- a pilot/pilots. ／ パイロット
- an astronaut/astronauts. ／ 宇宙飛行士
- a weather forecaster/weather forecasters. ／ 気象予報士
- a news reporter/news reporters. ／ ニュースキャスター
- a photographer/photographers. ／ 写真家
- a singer/singers. ／ 歌手
- a movie star/movie stars. ／ 映画俳優・女優
- a programmer/programmers. ／ プログラマー
- an engineer/engineers. ／ エンジニア
- a scientist/scientists. ／ 科学者
- a teacher/teachers. ／ 先生

- **You are** あなたは
- **He is** 彼は
- **She is** 彼女は
- **Kouta is** こうた君は
- **Hinano is** ひなのさんは
- **My father is** 私のお父さんは
- **My mother is** 私のお母さんは
- **My sister is** 私の姉妹は
- **My brother is** 私の兄弟は
- **We are** 私たちは
- **They are** 彼らは

※水色の時は、水色の単語を選ぶ

About Myself and My Family

自分のことや家族のこと 2-1

I am
私 は

→ **not**
ちがいます

Subjects:
- You are / あなたは
- He is / 彼は
- She is / 彼女は
- Kouta is / こうた君は
- Hinano is / ひなのさんは
- My father is / 私のお父さんは
- My mother is / 私のお母さんは
- My sister is / 私の姉妹は
- My brother is / 私の兄弟は
- We are / 私たちは
- They are / 彼らは

※水色の時は、水色の単語を選ぶ

Complements:
- Hinano. / ひなのです
- _____. / 名前
- Japanese. / 日本人です
- (　) years old. / (　) 歳です
- a girl / girls. / 女の子です
- a boy / boys. / 男の子です
- from Osaka. / 大阪出身です
- a student / students. / 生徒
- a doctor / doctors. / 医者
- a nurse / nurses. / 看護師
- a dentist / dentists. / 歯医者
- a driver / drivers. / 運転手
- a pilot / pilots. / パイロット
- an astronaut / astronauts. / 宇宙飛行士
- a weather forecaster / weather forecasters. / 気象予報士
- a news reporter / news reporters. / ニュースキャスター
- a photographer / photographers. / 写真家
- a singer / singers. / 歌手
- a movie star / movie stars. / 映画俳優・女優
- a programmer / programmers. / プログラマー
- an engineer / engineers. / エンジニア
- a scientist / scientists. / 科学者
- a teacher / teachers. / 先生

Part 2-1

2-1 自分のことや家族のこと

About Myself and My Family

質問の時

Am I 私は

- Are you あなたは
- Is he 彼は
- Is she 彼女は
- Is Kouta こうた君は
- Is Hinano ひなのさんは
- Is my father 私のお父さんは
- Is my mother 私のお母さんは
- Is my sister 私の姉妹は
- Is my brother 私の兄弟は
- Are we 私たちは
- Are they 彼らは

※水色の時は、水色の単語を選ぶ

Hinano.	ひなのです
＿＿＿＿＿＿＿＿.	名前
Japanese.	日本人です
(　) years old.	(　)歳です
a girl/girls.	女の子です
a boy/boys.	男の子です
from Osaka.	大阪出身です
a student/students.	生徒
a doctor/doctors.	医者
a nurse/nurses.	看護師
a dentist/dentists.	歯医者
a driver/drivers.	運転手
a pilot/pilots.	パイロット
an astronaut/astronauts.	宇宙飛行士
a weather forecaster/weather forecasters.	気象予報士
a news reporter/news reporters.	ニュースキャスター
a photographer/photographers.	写真家
a singer/singers.	歌手
a movie star/movie stars.	映画俳優・女優
a programmer/programmers.	プログラマー
an engineer/engineers.	エンジニア
a scientist/scientists.	科学者
a teacher/teachers.	先生

? ですか？

Part 2-1

About Myself and My Family

自分のことや家族のこと 2-1

質問の時

※Aren't I
私は

※ Amn't にはなりません

- **Aren't you**
あなたは
- **Isn't he**
彼は
- **Isn't she**
彼女は
- **Isn't Kouta**
こうた君は
- **Isn't Hinano**
ひなのさんは
- **Isn't my father**
私のお父さんは
- **Isn't my mother**
私のお母さんは
- **Isn't my sister**
私の姉妹は
- **Isn't my brother**
私の兄弟は
- **Aren't we**
私たちは
- **Aren't they**
彼らは

※水色の時は、水色の単語を選ぶ

- Hinano. ひなのです
- _____. 名前
- Japanese. 日本人です
- ( ) years old. ( )歳です
- a girl/girls. 女の子です
- a boy/boys. 男の子です
- from Osaka. 大阪出身です
- a student/students. 生徒
- a doctor/doctors. 医者
- a nurse/nurses. 看護師
- a dentist/dentists. 歯医者
- a driver/drivers. 運転手
- a pilot/pilots. パイロット
- an astronaut/astronauts. 宇宙飛行士
- a weather forecaster/weather forecasters. 気象予報士
- a news reporter/news reporters. ニュースキャスター
- a photographer/photographers. 写真家
- a singer/singers. 歌手
- a movie star/movie stars. 映画俳優・女優
- a programmer/programmers. プログラマー
- an engineer/engineers. エンジニア
- a scientist/scientists. 科学者
- a teacher/teachers. 先生

? ではありませんか？

2-1 自分のことや家族のこと
About Myself and My Family

Part 2

- I am 私は
- You are あなたは
- He is 彼は
- She is 彼女は

- Kouta is こうた君は
- Hinano is ひなのさんは
- We are 私たちは
- They are 彼らは

※水色の時は、水色の単語を選ぶ

→ not ちがいます

- my 私の
- your あなたの
- his 彼の
- her 彼女の
- our 私たちの
- their 彼らの

- mother. お母さん
- father. お父さん
- grandmother. おばあさん（祖母）
- grandfather. おじいさん（祖父）
- sister / sisters. 姉妹
- brother / brothers. 兄弟
- cousin / cousins. いとこ
- friend / friends. 友達
- teacher / teachers. 先生

1

質問の時

- Am I 私は
- Are you あなたは
- Is he 彼は
- Is she 彼女は

- Is Kouta こうた君は
- Is Hinano ひなのさんは
- Are we 私たちは
- Are they 彼らは

質問の時

- Aren't I 私は
- Aren't you あなたは
- Isn't he 彼は
- Isn't she 彼女は

- Isn't Kouta こうた君は
- Isn't Hinano ひなのさんは
- Aren't we 私たちは
- Aren't they 彼らは

- my 私の
- your あなたの
- his 彼の
- her 彼女の
- our 私たちの
- their 彼らの

- mother お母さん
- father お父さん
- grandmother おばあさん（祖母）
- grandfather おじいさん（祖父）
- sister / sisters 姉妹
- brother / brothers 兄弟
- cousin / cousins いとこ
- friend / friends 友達
- teacher / teachers 先生

? か？
? ではありませんか？

About Myself and My Family

自分のことや家族のこと 2-1

- I 私は
- You あなたは
- He 彼は
- She 彼女は
- It それは
- We 私たちは
- They 彼らは

- My 私の
  → mother お母さんは
  → father お父さんは
  → sister 姉妹は
  → brother 兄弟は

- can できる
- could できた

- cannot/can't できない
- could not (couldn't) できなかった

dig.	掘る	speak.	話す
get up.	起きる	swim.	泳ぐ
cook.	料理する	run.	走る
eat.	食べる	watch.	見る
go.	行く	talk.	話す
come.	来る	wash.	洗う
sleep.	寝る	go to bed.	ベットに行く
sit.	座る	choose.	選ぶ
look.	見る	see.	見る
study	勉強する	serve.	出す(給仕する)
play the piano.	ピアノを弾く	explain.	説明をする
sing.	歌う	celebrate.	祝う
listen.	聞く	win.	勝つ
hear.	聞こえる	borrow.	借りる
write.	書く	walk.	歩く
read.	読む	fly.	飛ぶ
feel.	感じる	buy.	買う
play soccer.	サッカーをする	catch.	つかまえる

Part 2-1

About Myself and My Family

About Myself and My Family

2-1 自分のことや家族のこと

質問の時

Can できますか? / **Can't** できませんか?

- I 私は
- you あなたは
- he 彼は
- she 彼女は
- it それは
- we 私たちは
- they 彼らは

- my 私の
  - mother お母さんは
  - father お父さんは
  - sister 姉妹は
  - brother 兄弟は

dig.	掘る	speak.	話す
get up.	起きる	swim.	泳ぐ
cook.	料理する	run.	走る
eat.	食べる	watch.	見る
go.	行く	talk.	話す
come.	来る	wash.	洗う
sleep.	寝る	go to bed.	ベットに行く
sit.	座る	choose.	選ぶ
look.	見る	see.	見る
study	勉強する	serve.	出す(給仕する)
play the piano.	ピアノを弾く	explain.	説明をする
sing.	歌う	celebrate.	祝う
listen.	聞く	win.	勝つ
hear.	聞こえる	borrow.	借りる
write.	書く	walk.	歩く
read.	読む	fly.	飛ぶ
feel.	感じる	buy.	買う
play soccer.	サッカーをする	catch.	つかまえる

?

Diary & Introduction

Diary 6 日記6

Date: _____
（日付）

Introduction 1 紹介1

Name: _____
（自分の名前）

自分について書いてみよう。

2-2 周りの物のこと

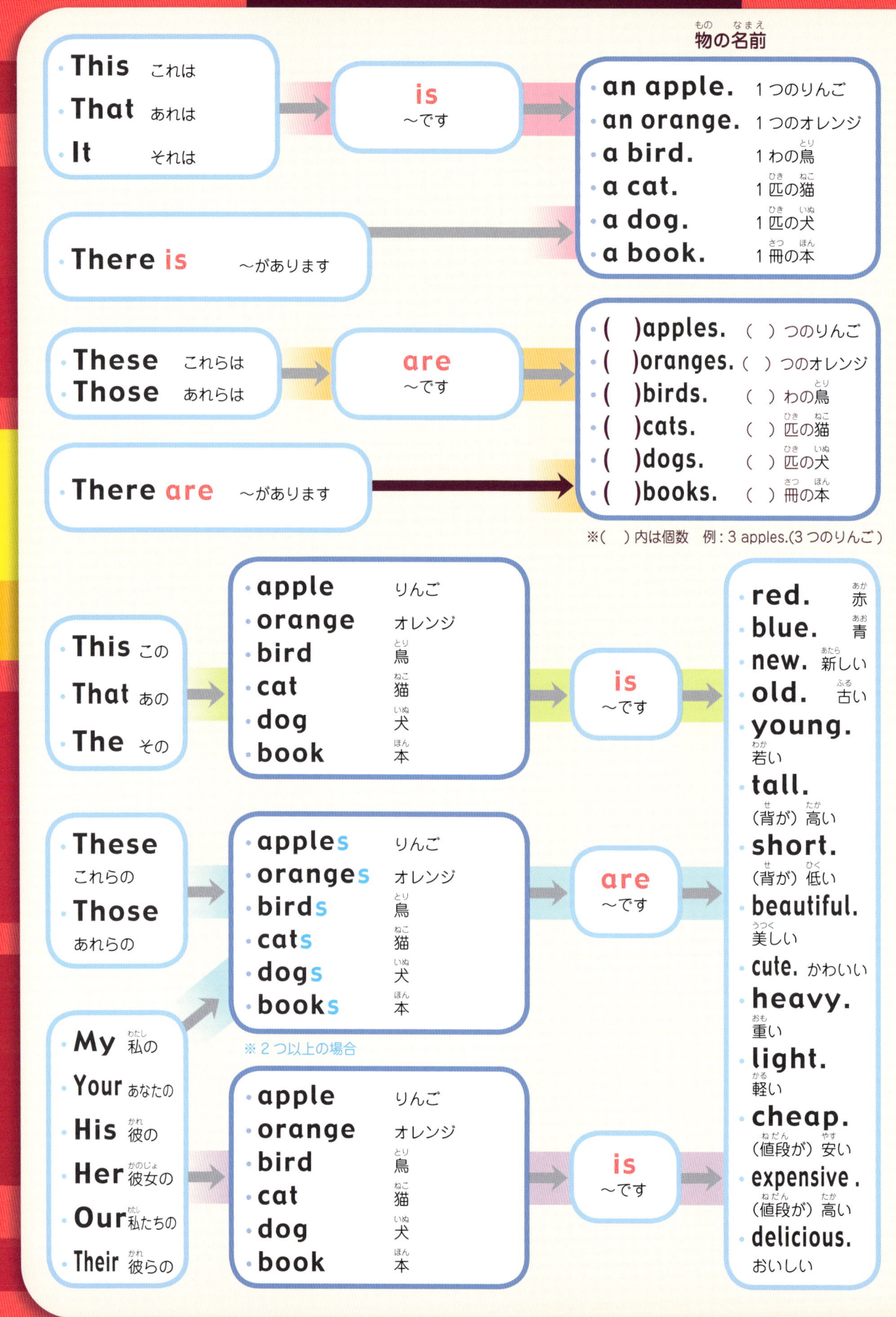

Around Me

物の名前

- This これは
- That あれは
- It それは

→ is 〜です →
- an apple. 1つのりんご
- an orange. 1つのオレンジ
- a bird. 1わの鳥
- a cat. 1匹の猫
- a dog. 1匹の犬
- a book. 1冊の本

- There is 〜があります →

- These これらは
- Those あれらは

→ are 〜です →
- ( )apples. ( )つのりんご
- ( )oranges. ( )つのオレンジ
- ( )birds. ( )わの鳥
- ( )cats. ( )匹の猫
- ( )dogs. ( )匹の犬
- ( )books. ( )冊の本

- There are 〜があります →

※( )内は個数　例：3 apples.(3つのりんご)

- This この
- That あの
- The その

→
- apple りんご
- orange オレンジ
- bird 鳥
- cat 猫
- dog 犬
- book 本

→ is 〜です →

- red. 赤
- blue. 青
- new. 新しい
- old. 古い
- young. 若い
- tall. (背が)高い
- short. (背が)低い
- beautiful. 美しい
- cute. かわいい
- heavy. 重い
- light. 軽い
- cheap. (値段が)安い
- expensive. (値段が)高い
- delicious. おいしい

- These これらの
- Those あれらの

→
- apples りんご
- oranges オレンジ
- birds 鳥
- cats 猫
- dogs 犬
- books 本

→ are 〜です →

※2つ以上の場合

- My 私の
- Your あなたの
- His 彼の
- Her 彼女の
- Our 私たちの
- Their 彼らの

→
- apple りんご
- orange オレンジ
- bird 鳥
- cat 猫
- dog 犬
- book 本

→ is 〜です →

Around Me

2-2 周りの物のこと

物の名前

- This これは
- That あれは
- It それは

→ is not / isn't 〜ではありません →

- an apple. 1つのりんご
- an orange. 1つのオレンジ
- a bird. 1わの鳥
- a cat. 1匹の猫
- a dog. 1匹の犬
- a book. 1冊の本

- There is not
- There isn't

〜がありません →

- These これらは
- Those あれらは

→ are not / aren't 〜ではありません →

- ( )apples. ( )つのりんご
- ( )oranges. ( )つのオレンジ
- ( )birds. ( )わの鳥
- ( )cats. ( )匹の猫
- ( )dogs. ( )匹のイヌ
- ( )books. ( )冊の本

- There are not
- There aren't

〜がありません →

※( )内は個数 例:3 apples.(3つのりんご)

- This この
- That あの
- The その

→
- apple りんご
- orange オレンジ
- bird 鳥
- cat 猫
- dog 犬
- book 本

→ is not / isn't 〜ではありません →

- red. 赤
- blue. 青
- new. 新しい
- old. 古い
- young. 若い
- tall. (背が)高い
- short. (背が)低い
- beautiful. 美しい
- cute. かわいい
- heavy. 重い
- light. 軽い
- cheap. (値段が)安い
- expensive. (値段が)高い
- delicious. おいしい

- These これらの
- Those あれらの

→
- apples りんご
- oranges オレンジ
- birds 鳥
- cats 猫
- dogs 犬
- books 本

→ are not / aren't 〜ではありません →

※2つ以上の場合

- My 私の
- Your あなたの
- His 彼の
- Her 彼女の
- Our 私たちの
- Their 彼らの

→
- apple りんご
- orange オレンジ
- bird 鳥
- cat 猫
- dog 犬
- book 本

→ is not / isn't 〜ではありません →

2-2 周りの物のこと

Around Me

質問の時

- Is this   これは
- Is that   あれは
- Is it   それは

- Is there   ～があります

- Are these   これらは
- Are those   あれらは

- Are there   ～があります

物の名前

- an apple   1つのりんご
- an orange   1つのオレンジ
- a bird   1わの鳥
- a cat   1匹の猫
- a dog   1匹の犬
- a book   1冊の本

- ( )apples   ( )つのりんご
- ( )oranges   ( )つのオレンジ
- ( )birds   ( )わの鳥
- ( )cats   ( )匹の猫
- ( )dogs   ( )匹の犬
- ( )books   ( )冊の本

※( )内は個数

？ ～ですか？

Part 2 - 2

- Is this   この
- Is that   あの
- Is the   その

- apple   りんご
- orange オレンジ
- bird   鳥
- cat   猫
- dog   犬
- book   本

- Are these これらの
- Are those あれらの

- apples   りんご
- oranges オレンジ
- birds   鳥
- cats   猫
- dogs   犬
- books   本

※2つ以上の場合

- Are
- Is

- my   私の
- your   あなたの
- his   彼の
- her   彼女の
- our   私たちの
- their   彼らの

- apple   りんご
- orange オレンジ
- bird   鳥
- cat   猫
- dog   犬
- book   本

- red   赤
- blue   青
- new   新しい
- old   古い
- young   若い
- tall   (背が)高い
- short   (背が)低い
- beautiful 美しい
- cute   かわいい
- heavy   重い
- light   軽い
- cheap   (値段が)安い
- expensive (値段が)高い
- delicious おいしい

？ ～ですか？

Around Me

Around Me

周りの物のこと 2-2

質問の時 / 物の名前

- Isn't this これは
- Isn't that あれは
- Isn't it それは

→
- an apple　1つのりんご
- an orange　1つのオレンジ
- a bird　1わの鳥
- a cat　1匹の猫
- a dog　1匹の犬
- a book　1冊の本

- Isn't there　～があります

→ （同上）

- Aren't these　これらは
- Aren't those　あれらは

→
- ( )apples　( )つのりんご
- ( )oranges　( )つのオレンジ
- ( )birds　( )わの鳥
- ( )cats　( )匹の猫
- ( )dogs　( )匹の犬
- ( )books　( )冊の本

- Aren't there　～があります

※( )内は個数

? ～ではありませんか？

- Isn't this　この
- Isn't that　あの
- Isn't the　その

→
- apple　りんご
- orange　オレンジ
- bird　鳥
- cat　猫
- dog　犬
- book　本

→
- red　赤
- blue　青
- new　新しい
- old　古い
- young　若い
- tall　(背が)高い
- short　(背が)低い
- beautiful　美しい
- cute　かわいい
- heavy　重い
- light　軽い
- cheap　(値段が)安い
- expensive　(値段が)高い
- delicious　おいしい

- Aren't these　これらの
- Aren't those　あれらの

→
- apples　りんご
- oranges　オレンジ
- birds　鳥
- cats　猫
- dogs　犬
- books　本

※2つ以上の場合

- Aren't / Isn't
  - my　私の
  - your　あなたの
  - his　彼の
  - her　彼女の
  - our　私たちの
  - their　彼らの

→
- apple　りんご
- orange　オレンジ
- bird　鳥
- cat　猫
- dog　犬
- book　本

? ～ではありませんか？

Diary & Introduction

Diary 7 日記7　　Date: （日付）

Introduction 2 紹介2　　Name: （紹介する物の名前）

身の周りの物について書いてみよう。

Part 3

1 Everyday Activities; Morning

毎日の行動・朝　open 開ける / look 見る / wash 洗う
choose 選ぶ / have（持つ）/ use 使う / run 走る

2 Everyday Activities; Day

毎日の行動・昼　sit 座る / study 勉強する / borrow 借りる
listen 聞く / read 読む / sing 歌う / write 書く

3 Everyday Activities; Evening

毎日の行動・夕方　talk 話す / swim 泳ぐ / play（遊ぶ）
explain 説明する / win 勝つ / enjoy 楽しむ

4 Everyday Activities; Night

毎日の行動・夜　help 助ける / cook 料理する / serve 出す（給仕する）
celebrate 祝う / watch 見る / close 閉める
sleep 眠る

ここでは、パズルのようにいろいろな行動を選んで
日記を書く練習をしよう。
朝・昼・夕方・夜とさまざまな行動があるけれど、
自由に組み合わせて書くことができると、もっと楽しくなるよ。

保護者の方へ
　Part3では、子どもたちが毎日とる行動の中から、特に日記でよく使う動詞を選び、1日の行動をイメージしやすい順序で並べました。have や play など、複数の意味で用いられる動詞は本文中では訳をつけず、イラストで視覚的に理解できるようにしてあります。このパートを繰り返すうちに、英語の特徴である「動詞中心」の言語構造を、子どもたちは自然に会得します。

3-1 毎日の行動

open 開ける

Everyday Activities; 毎日の行動
Morning / 朝

- I 私は
- You あなたは
- We 私たちは
- They 彼らは

→

- open 開ける
- opened 開けた
- will open 開けるでしょう

- He 彼は
- She 彼女は
- It それは
- My mother 私のお母さんは
- My father 私のお父さんは
- My sister 私の姉妹は
- My brother 私の兄弟は

→

- opens 開ける
- opened 開けた
- will open 開けるでしょう

- the window. 窓
- the pencilcase. ふでばこ
- the lunch box. お弁当
- the bag. かばん

54 fifty-four　　Everyday Activities

look 見る

3-1 毎日の行動

Everyday Activities; 毎日の行動
Morning/ 朝

- I 私は
- You あなたは
- We 私たちは
- They 彼らは

→

- look 見る
- looked 見た
- will look 見るでしょう

- He 彼は
- She 彼女は
- It それは
- My mother 私のお母さんは
- My father 私のお父さんは
- My sister 私の姉妹は
- My brother 私の兄弟は

→

- looks 見る
- looked 見た
- will look 見るでしょう

- out of the window. 窓の外
- at my friend. 友達を
- around. 周り
- carefully. 注意深く

Everyday Activities

fifty-five 55

3-1 毎日の行動

wash 洗う

Everyday Activities; 毎日の行動
Morning / 朝

- I 私は
- You あなたは
- We 私たちは
- They 彼らは

→

- wash 洗う
- washed 洗った
- will wash 洗うでしょう

- He 彼は
- She 彼女は
- It それは
- My mother 私のお母さんは
- My father 私のお父さんは
- My sister 私の姉妹は
- My brother 私の兄弟は

→

- washes 洗う
- washed 洗った
- will wash 洗うでしょう

- my hands. ※私の手
- my body. ※私の身体
- my shoes. 靴
- the car. 車

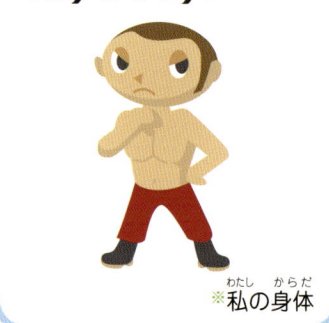

※「私の」以外の場合は、P44を参照してください

choose 選ぶ

毎日の行動 3-1

Everyday Activities; 毎日の行動
Morning / 朝

- I 私は
- You あなたは
- We 私たちは
- They 彼らは

→

- choose 選ぶ
- chose 選んだ
- will choose 選ぶでしょう

- He 彼は
- She 彼女は
- It それは
- My mother 私のお母さんは
- My father 私のお父さんは
- My sister 私の姉妹は
- My brother 私の兄弟は

→

- chooses 選ぶ
- chose 選んだ
- will choose 選ぶでしょう

- my meal. 私の食事
- my clothes. 私の服
- the right answer. 正解
- the way to go home. 帰り道

Everyday Activities

Part 3-1

fifty-seven 57

3-1 毎日の行動

have（持つ）

Everyday Activities; 毎日の行動
Morning / 朝

- I 私は
- You あなたは
- We 私たちは
- They 彼らは

→

- have
- had （過去のこと）
- will have （未来のこと）

※ have は、後に続く言葉によって、いろいろな意味になります。[右の（　）の中のように]

- He 彼は
- She 彼女は
- It それは
- My mother 私のお母さんは
- My father 私のお父さんは
- My sister 私の姉妹は
- My brother 私の兄弟は

→

- has
- had （過去のこと）
- will have （未来のこと）

- a pen. ペン（を持っている）
- a cold. 風邪（をひいている）
- breakfast. 朝ごはん（を食べる）
- a sister. 姉妹（がいる）

58 fifty-eight　　Everyday Activities

use 使う

毎日の行動 3-1

Everyday Activities; 毎日の行動
Morning/ 朝

- I 私は
- You あなたは
- We 私たちは
- They 彼らは

→

- use 使う
- used 使った
- will use 使うでしょう

- the bathroom. トイレ
- the bus. バス

- He 彼は
- She 彼女は
- It それは
- My mother 私のお母さんは
- My father 私のお父さんは
- My sister 私の姉妹は
- My brother 私の兄弟は

→

- uses 使う
- used 使った
- will use 使うでしょう

- the computer. コンピューター
- the phone. 電話

Everyday Activities

Part 3-1

fifty-nine 59

3-1 毎日の行動

run 走る

Everyday Activities; 毎日の行動
Morning / 朝

- I 私は
- You あなたは
- We 私たちは
- They 彼らは

→

- run 走る
- ran 走った
- will run 走るでしょう

- He 彼は
- She 彼女は
- It それは
- My mother 私のお母さんは
- My father 私のお父さんは
- My sister 私の姉妹は
- My brother 私の兄弟は

→

- runs 走る
- ran 走った
- will run 走るでしょう

- fast. 早く
- on the Sports Day. 運動会で
- to school. 学校へ
- in P.E. class. 体育の時間に

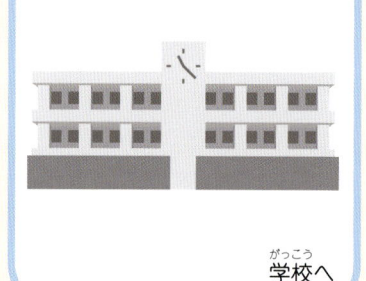

Everyday Activities

Diary & Introduction

Diary 8 日記8　　Date: _____

（日付）

Introduction 3 紹介3　　Name: _____

（紹介する人の名前）

家族の人について書いてみよう。

3-2 毎日の行動

sit 座る

Everyday Activities; 毎日の行動

Day / 昼

- I 私は
- You あなたは
- We 私たちは
- They 彼らは

→
- sit 座る
- sat 座った
- will sit 座るでしょう

- He 彼は
- She 彼女は
- It それは
- My mother 私のお母さんは
- My father 私のお父さんは
- My sister 私の姉妹は
- My brother 私の兄弟は

→
- sits 座る
- sat 座った
- will sit 座るでしょう

- on the floor. 床に
- on the chair. イスに
- in the baseball stadium. 野球のスタジアムに
- with my friend. 友達と一緒に

62 sixty-two　Everyday Activities

study 勉強する

毎日の行動 3-2

Everyday Activities; 毎日の行動

Day / 昼

- I 私は
- You あなたは
- We 私たちは
- They 彼らは

→
- study 勉強する
- studied 勉強した
- will study 勉強するでしょう

- He 彼は
- She 彼女は
- It それは
- My mother 私のお母さんは
- My father 私のお父さんは
- My sister 私の姉妹は
- My brother 私の兄弟は

→
- studies 勉強する
- studied 勉強した
- will study 勉強するでしょう

- Japanese. 国語
- math. 算数
- music. 音楽
- English 英語

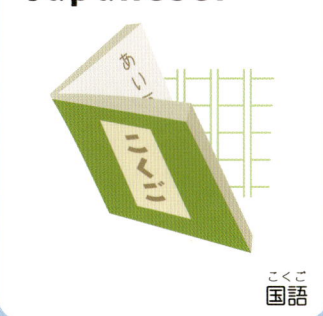

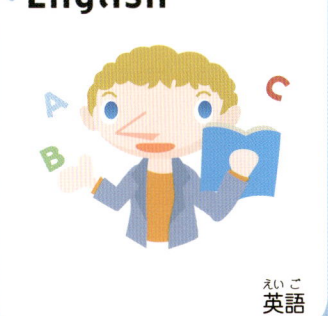

Everyday Activities

Part 3-2

sixty-three **63**

borrow 借りる

Everyday Activities; 毎日の行動
Day/昼

- I 私は
- You あなたは
- We 私たちは
- They 彼らは

→
- borrow 借りる
- borrowed 借りた
- will borrow 借りるでしょう

- He 彼は
- She 彼女は
- It それは
- My mother 私のお母さんは
- My father 私のお父さんは
- My sister 私の姉妹は
- My brother 私の兄弟は

→
- borrows 借りる
- borrowed 借りた
- will borrow 借りるでしょう

- a book. 本
- a pencil. えんぴつ
- a DVD. DVD
- a game. ゲーム

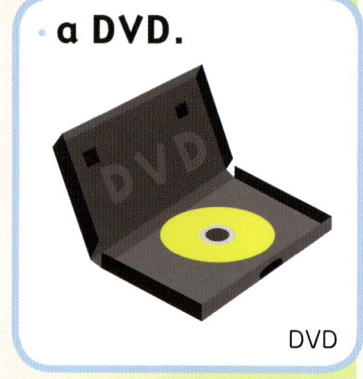

64 sixty-four Everyday Activities

listen 聞く

Everyday Activities; 毎日の行動

Day/昼

- I 私は
- You あなたは
- We 私たちは
- They 彼らは

→
- listen 聞く
- listened 聞いた
- will listen 聞くでしょう

- He 彼は
- She 彼女は
- It それは
- My mother 私のお母さんは
- My father 私のお父さんは
- My sister 私の姉妹は
- My brother 私の兄弟は

→
- listens 聞く
- listened 聞いた
- will listen 聞くでしょう

- to music. 音楽を
- carefully. 注意深く
- to the announcement. アナウンスを
- to the teacher. 先生の言うことを

毎日の行動 3-2

Everyday Activities

sixty-five 65

read 読む

Everyday Activities; 毎日の行動
Day / 昼

- I 私は
- You あなたは
- We 私たちは
- They 彼らは

→

- read 読む
- read 読んだ
- will read 読むでしょう

- a letter. 手紙
- a book. 本

- He 彼は
- She 彼女は
- It それは
- My mother 私のお母さんは
- My father 私のお父さんは
- My sister 私の姉妹は
- My brother 私の兄弟は

→

- reads 読む
- read 読んだ
- will read 読むでしょう

- the instructions. 説明書
- a comic. まんが

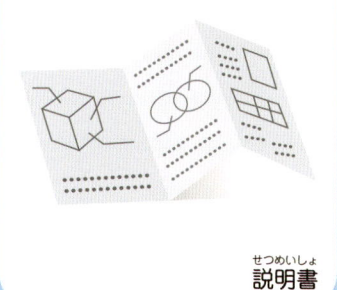

sing 歌う

3 / 2 毎日の行動

Everyday Activities; 毎日の行動
Day / 昼

- I 私は
- You あなたは
- We 私たちは
- They 彼らは

→
- sing 歌う
- sang 歌った
- will sing 歌うでしょう

- He 彼は
- She 彼女は
- It それは
- My mother 私のお母さんは
- My father 私のお父さんは
- My sister 私の姉妹は
- My brother 私の兄弟は

→
- sings 歌う
- sang 歌った
- will sing 歌うでしょう

- a song. 歌
- karaoke. カラオケ
- a children's song. 子どもの歌
- the school song. 校歌

Part 3 / 2

Everyday Activities

sixty-seven **67**

write 書く

Everyday Activities; 毎日の行動
Day/ 昼

- I 私は
- You あなたは
- We 私たちは
- They 彼らは

→
- write 書く
- wrote 書いた
- will write 書くでしょう

- He 彼は
- She 彼女は
- It それは
- My mother 私のお母さんは
- My father 私のお父さんは
- My sister 私の姉妹は
- My brother 私の兄弟は

→
- writes 書く
- wrote 書いた
- will write 書くでしょう

- a diary. 日記
- my name. 私の名前
- a poem. 詩
- an email. メール

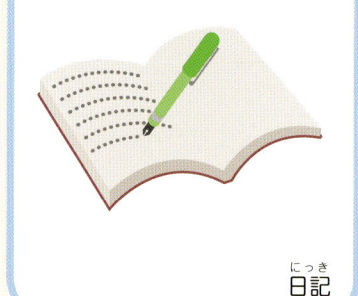

Diary & Introduction

Diary 9　日記9　　**Date:**
（日付）

Introduction 4　紹介4　　**Name:**
（紹介する人の名前）

先生について書いてみよう。

3 毎日の行動

talk 話す

Everyday Activities; 毎日の行動
Evening / 夕方

- I 私は
- You あなたは
- We 私たちは
- They 彼らは

→

- talk 話す
- talked 話した
- will talk 話すでしょう

- He 彼は
- She 彼女は
- It それは
- My mother 私のお母さんは
- My father 私のお父さんは
- My sister 私の姉妹は
- My brother 私の兄弟は

→

- talks 話す
- talked 話した
- will talk 話すでしょう

- with my teacher. 先生と
- about school. 学校について
- about a friend. 友達について
- to my mother. お母さんに

Part 3

3

70 seventy　　Everyday Activities

swim 泳ぐ

Everyday Activities; 毎日の行動
Evening/ 夕方

- I 私は
- You あなたは
- We 私たちは
- They 彼らは

→

- swim 泳ぐ
- swam 泳いだ
- will swim 泳ぐでしょう

- He 彼は
- She 彼女は
- It それは
- My mother 私のお母さんは
- My father 私のお父さんは
- My sister 私の姉妹は
- My brother 私の兄弟は

→

- swims 泳ぐ
- swam 泳いだ
- will swim 泳ぐでしょう

- in the pool. プールで
- in the river. 川で
- in the sea. 海で
- in the lake. 湖で

Everyday Activities

Part 3
3

毎日の行動 3-3

seventy-one 71

3 毎日の行動

play（遊ぶ）

Everyday Activities; 毎日の行動
Evening / 夕方

- I 私は
- You あなたは
- We 私たちは
- They 彼らは

→
- play
- played（過去のこと）
- will play（未来のこと）

※ play は、後に続く言葉によって、いろいろな意味になります。[右の（ ）の中のように]

- He 彼は
- She 彼女は
- It それは
- My mother 私のお母さんは
- My father 私のお父さんは
- My sister 私の姉妹は
- My brother 私の兄弟は

→
- plays
- played（過去のこと）
- will play（未来のこと）

- the piano. ピアノ（を弾く）
- soccer. サッカー（をする）
- baseball. 野球（をする）
- at the park. 公園で（遊ぶ）

explain 説明する

Everyday Activities; 毎日の行動
Evening/ 夕方

- I 私は
- You あなたは
- We 私たちは
- They 彼らは

→

- explain 説明する
- explained 説明した
- will explain 説明するでしょう

- He 彼は
- She 彼女は
- It それは
- My mother 私のお母さんは
- My father 私のお父さんは
- My sister 私の姉妹は
- My brother 私の兄弟は

→

- explains 説明する
- explained 説明した
- will explain 説明するでしょう

- how to get to school. 学校への行き方
- how to use the computer. コンピューターの使い方
- the rules. ルールを
- the answer. 答えを

毎日の行動 3-3

Part 3-3

Everyday Activities

seventy-three 73

3-3 毎日の行動

win 勝つ

Everyday Activities; 毎日の行動
Evening / 夕方

- I 私は
- You あなたは
- We 私たちは
- They 彼らは

→
- win 勝つ
- won 勝った
- will win 勝つでしょう

- He 彼は
- She 彼女は
- It それは
- My mother 私のお母さんは
- My father 私のお父さんは
- My sister 私の姉妹は
- My brother 私の兄弟は

→
- wins 勝つ
- won 勝った
- will win 勝つでしょう

- the baseball game. 野球の試合
- the soccer game. サッカーの試合
- on the Sports Day. 運動会
- the ALGO game. アルゴゲーム

74 seventy-four　　Everyday Activities

enjoy 楽しむ

毎日の行動 3 / 3

Everyday Activities; 毎日の行動
Evening/ 夕方

- I 私は
- You あなたは
- We 私たちは
- They 彼らは

→

- enjoy 楽しむ
- enjoyed 楽しんだ
- will enjoy 楽しむでしょう

- He 彼は
- She 彼女は
- It それは
- My mother 私のお母さんは
- My father 私のお父さんは
- My sister 私の姉妹は
- My brother 私の兄弟は

→

- enjoys 楽しむ
- enjoyed 楽しんだ
- will enjoy 楽しむでしょう

- the holidays. 休暇
- school. 学校生活
- traveling. 旅行
- watching TV. テレビを見ること

Everyday Activities

Part 3 / 3

3-4 毎日の行動

help 助ける

Everyday Activities; 毎日の行動
Night / 夜

- I 私は
- You あなたは
- We 私たちは
- They 彼らは

→

- help 助ける（お手伝いする）
- helped 助けた
- will help 助けるでしょう

- my mother. お母さん
- my grandfather. おじいさん（祖父）

- He 彼は
- She 彼女は
- It それは
- My mother 私のお母さんは
- My father 私のお父さんは
- My sister 私の姉妹は
- My brother 私の兄弟は

→

- helps 助ける（お手伝いする）
- helped 助けた
- will help 助けるでしょう

- my elder sister. お姉さん
- my younger brother. 弟

Everyday Activities

cook 料理する

Everyday Activities; 毎日の行動

Night/夜

- I　　私は
- You　あなたは
- We　　私たちは
- They　彼らは

→

- cook　料理する
- cooked　料理した
- will cook　料理するでしょう

- He　彼は
- She　彼女は
- It　それは
- My mother　私のお母さんは
- My father　私のお父さんは
- My sister　私の姉妹は
- My brother　私の兄弟は

→

- cooks　料理する
- cooked　料理した
- will cook　料理するでしょう

- spaghetti.　スパゲッティー
- breakfast.　朝ごはん
- lunch.　昼ごはん
- dinner.　晩ごはん

毎日の行動 3/4

Everyday Activities

3-4 毎日の行動

serve 出す（給仕する）

Everyday Activities; 毎日の行動

Night / 夜

- I 私は
- You あなたは
- We 私たちは
- They 彼らは

→

- serve 出す（給仕する）
- served 出した
- will serve 出すでしょう

- He 彼は
- She 彼女は
- It それは
- My mother 私のお母さんは
- My father 私のお父さんは
- My sister 私の姉妹は
- My brother 私の兄弟は

→

- serves 出す（給仕する）
- served 出した
- will serve 出すでしょう

- dinner. 晩ごはん
- coffee. コーヒー
- tea and cake. 紅茶とケーキ
- a meal. 食事

78 seventy-eight　　Everyday Activities

celebrate 祝う

Everyday Activities; 毎日の行動
Night / 夜

• I 私は • You あなたは • We 私たちは • They 彼らは	• celebrate 祝う • celebrated 祝った • will celebrate 祝うでしょう	• the New Year. お正月 • Christmas. クリスマス • my friend's birthday. 友達の誕生日 • my graduation. 私の卒業式
• He 彼は • She 彼女は • It それは • My mother 私のお母さんは • My father 私のお父さんは • My sister 私の姉妹は • My brother 私の兄弟は	• celebrates 祝う • celebrated 祝った • will celebrate 祝うでしょう	

Everyday Activities

seventy-nine 79

3-4 毎日の行動

watch 見る

Everyday Activities; 毎日の行動
Night / 夜

- I 私は
- You あなたは
- We 私たちは
- They 彼らは

→
- watch 見る
- watched 見た
- will watch 見るでしょう

- He 彼は
- She 彼女は
- It それは
- My mother 私のお母さんは
- My father 私のお父さんは
- My sister 私の姉妹は
- My brother 私の兄弟は

→
- watches 見る
- watched 見た
- will watch 見るでしょう

- TV. テレビ
- a movie. 映画
- the baseball game. 野球の試合を 
- carefully. 注意深く

80 eighty　Everyday Activities

close 閉める

Everyday Activities; 毎日の行動

Night / 夜

- I 私は
- You あなたは
- We 私たちは
- They 彼らは

→

- close 閉める
- closed 閉めた
- will close 閉めるでしょう

- He 彼は
- She 彼女は
- It それは
- My mother 私のお母さんは
- My father 私のお父さんは
- My sister 私の姉妹は
- My brother 私の兄弟は

→

- closes 閉める
- closed 閉めた
- will close 閉めるでしょう

- the door. ドア
- the closet. クローゼット
- the book. 本
- the refrigerator. 冷蔵庫

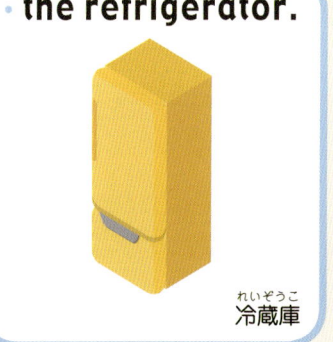

毎日の行動 3/4

Everyday Activities

Part 3 / 4

eighty-one 81

3-4 毎日の行動

sleep 眠る

Everyday Activities; 毎日の行動
Night / 夜

- I 私は
- You あなたは
- We 私たちは
- They 彼らは

→
- sleep 眠る
- slept 眠った
- will sleep 眠るでしょう

- He 彼は
- She 彼女は
- It それは
- My mother 私のお母さんは
- My father 私のお父さんは
- My sister 私の姉妹は
- My brother 私の兄弟は

→
- sleeps 眠る
- slept 眠った
- will sleep 眠るでしょう

- with my friend. 友達と一緒に
- in the tent. テントで
- on the bed. ベッドで
- on the train. 電車で

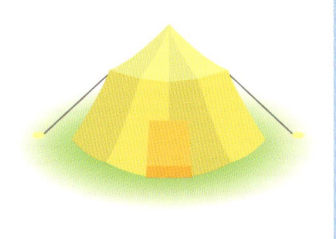

Diary & Introduction

Diary 10 日記10　　**Date:** （日付）

Introduction 5 紹介5　　**Name:** （紹介する人の名前）

友達について書いてみよう。

Part 3

4

Diary & Introduction

Diary 11　日記11　　Date: （日付）

Introduction 6　紹介6　　Name: （紹介する人の名前）

ほかの友達や家族のことを書いてみよう。

Part 3
4

Part 4

Making Questions and Answers

1

自分や周りへの質問

ここでは、英語での質問のしかたや答えかたを練習しよう。
身長のたずねかたや値段のたずねかたは、どうかな。
いろいろな質問ができたら、答えを考えるのも楽しいよ。
ちょっと難しいかもしれないけれど、繰り返して練習すると、
いつのまにかできるようになるからね。

保護者の方へ
　Par4では、5W1Hを使った疑問文と、その答え方をまとめました。中学生でも難しいような内容ですが、ひとまずシートに沿って選ぶことができればそれで良いでしょう。他の単語を用いて、さまざまな質問を作り答えられるようになれば、英検5級（中学生初級）とほぼ同レベルの英語をマスターしたことになります。

4-1 自分や周りへの質問

Questions

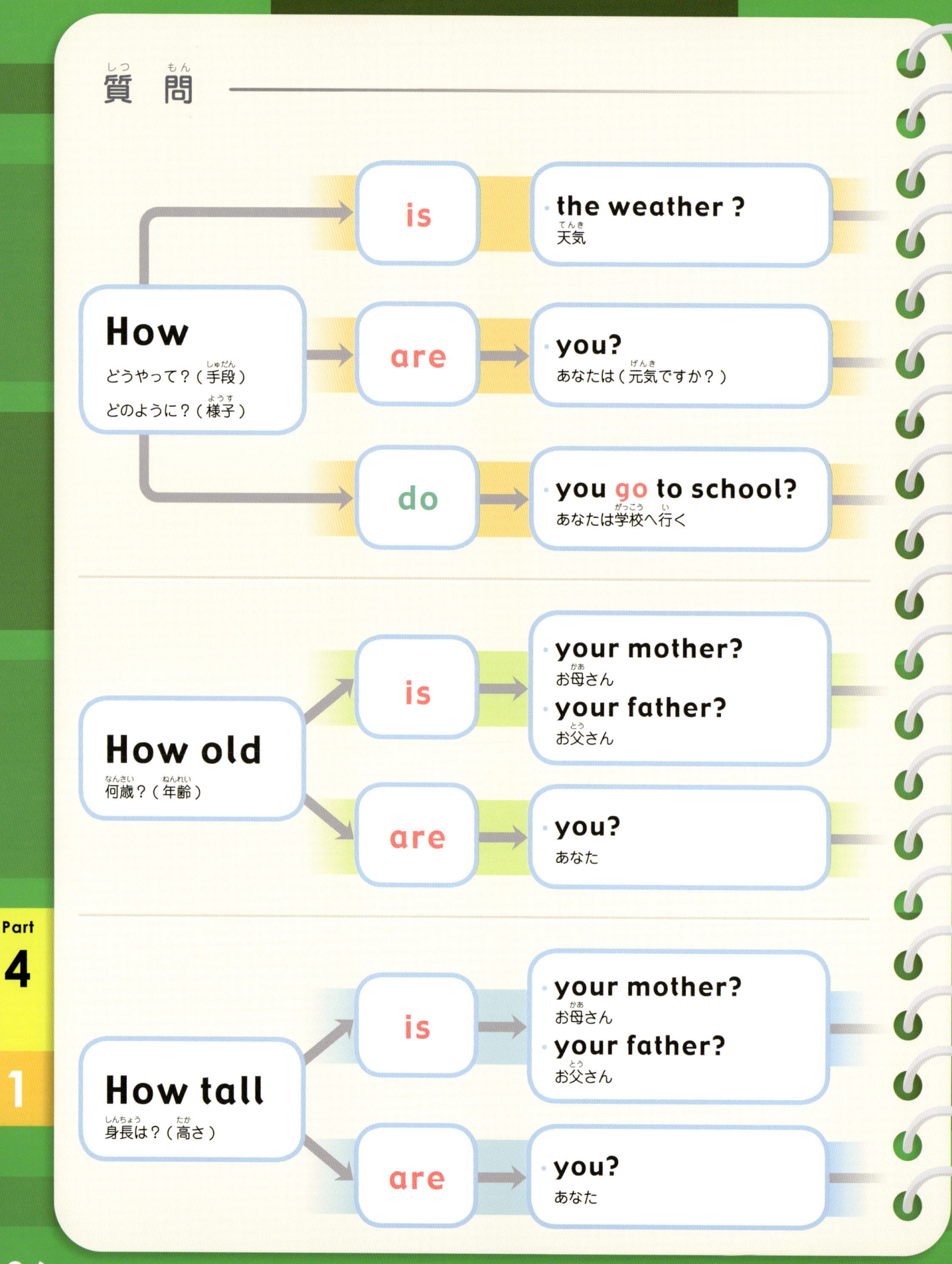

質問

How どうやって？(手段) / どのように？(様子)
- is → the weather? 天気
- are → you? あなたは(元気ですか？)
- do → you go to school? あなたは学校へ行く

How old 何歳？(年齢)
- is → your mother? お母さん / your father? お父さん
- are → you? あなた

How tall 身長は？(高さ)
- is → your mother? お母さん / your father? お父さん
- are → you? あなた

86 eighty-six　Making Questions and Answers

Answers

自分や周りへの質問 4-1

答え（例）

- It's sunny. 　　　　　　　　晴れです。
- It's cloudy. 　　　　　　　　くもりです。

- I am fine. 　　　　　　　　私は元気です。
- I am tired. 　　　　　　　　疲れています。
- I am sleepy. 　　　　　　　眠たいです。

- I go to school by bus. 　　　バスで学校に行きます。
- I go to school on foot. 　　　歩いて学校に行きます。

- She is 30 years old. 　　　　彼女は30歳です。
- He is 40 years old. 　　　　　彼は40歳です。
- I am 10 years old. 　　　　　私は10歳です。

- She is 160cm tall. 　　　　　彼女は160cmです。
- He is 170cm tall. 　　　　　　彼は170cmです。
- I am 130cm tall. 　　　　　　私は130cmです。

Making Questions and Answers

Part 4-1

eighty-seven 87

4-1 自分や周りへの質問

Questions

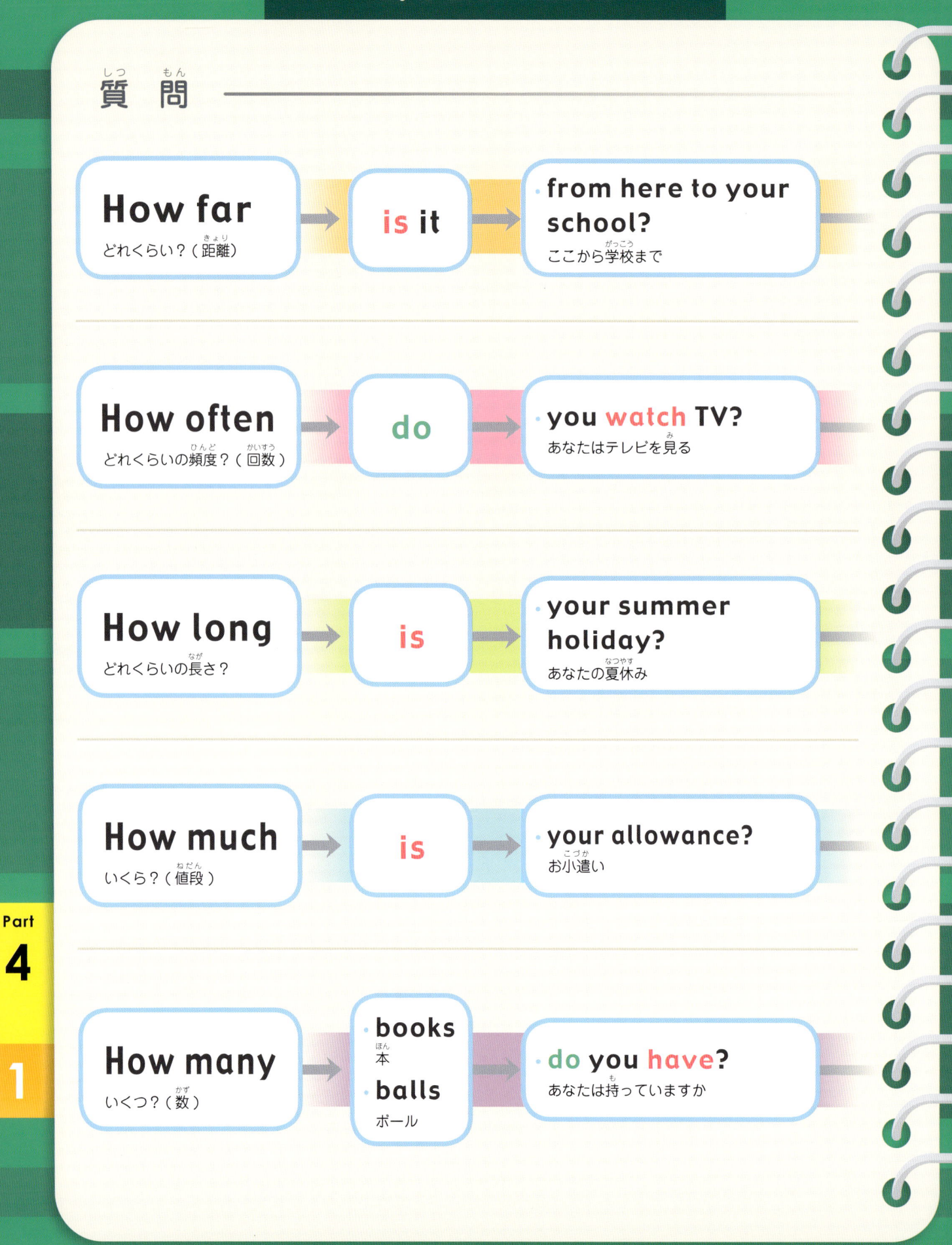

質問

How far どれくらい？(距離)	is it	from here to your school? ここから学校まで
How often どれくらいの頻度？(回数)	do	you watch TV? あなたはテレビを見る
How long どれくらいの長さ？	is	your summer holiday? あなたの夏休み
How much いくら？(値段)	is	your allowance? お小遣い
How many いくつ？(数)	books 本 / balls ボール	do you have? あなたは持っていますか

88 eighty-eight — Making Questions and Answers

Answers

自分や周りへの質問 4-1

答え(例)

- It **is** 1 hour by train.　電車で1時間です。
- It **takes** 1 hour by bus.　バスで1時間かかります。

- I **watch** TV every day.　私は毎日テレビを見ます。

- It **is** about 1 month.　約1ヶ月です。

- My allowance **is** 2000 yen.　お小遣いは2000円です。

- I **have** 10 books.　私は10冊の本を持っています。
- I **have** 3 balls.　私は3個のボールを持っています。

Making Questions and Answers

eighty-nine 89

Questions

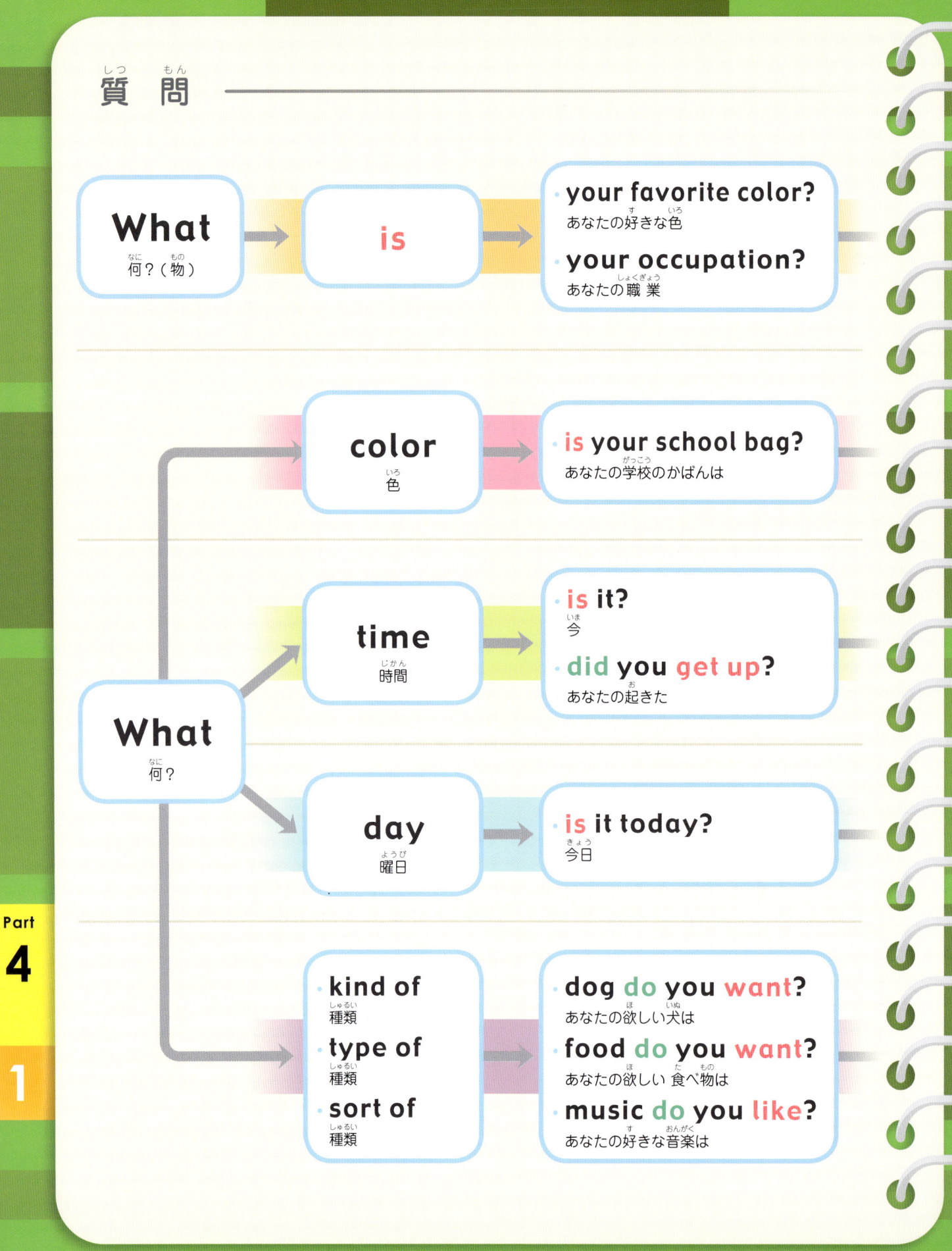

4-1 自分や周りへの質問

質問

What (何？(物)) → **is** →
- your favorite color? あなたの好きな色
- your occupation? あなたの職業

What (何？) →

→ **color** (色) → is your school bag? あなたの学校のかばんは

→ **time** (時間) →
- is it? 今
- did you get up? あなたの起きた

→ **day** (曜日) → is it today? 今日

→ **kind of** (種類) / **type of** (種類) / **sort of** (種類) →
- dog do you want? あなたの欲しい犬は
- food do you want? あなたの欲しい食べ物は
- music do you like? あなたの好きな音楽は

Part 4-1

Making Questions and Answers

Answers

答え (例)

- My favorite color **is** red.　　私の好きな色は赤です。
- I **am** a student.　　私は生徒です。

- It **is** black.　　黒です。

- It **is** 7 o'clock.　　今 7 時です。
- I **got up** at 6:00.　　私は 6 時に起きました。

- It **is** Monday.　　今日は月曜日です。

- I **want** to have a small dog.　　小さな犬が欲しいです。
- I **want** to have sweets.　　甘い物が欲しいです。
- I **like** pop music.　　ポップミュージックが好きです。

Making Questions and Answers

4-1 自分や周りへの質問

Questions

質問

Who 誰？(人) → **is** → your teacher?
あなたの先生

Where どこ？(場所) → **do** → you live?
あなたが住む
you want to go?
あなたが行きたい

When いつ？(時) → **is** → your birthday?
あなたの誕生日

Which どちらが？ → **is** bigger, 大きい → Japan or Australia?
日本とオーストラリア

Why なぜ？ → do you like it?
あなたはそれが好きですか
don't you like it?
あなたはそれが嫌いですか

Part 4-1

92 ninety-two　　Making Questions and Answers

Answers

自分や周りへの質問 4-1

答え（例）

- Mr. Okada **is**. 　　　　　岡田先生です。

- I **live** in Tokyo. 　　　　東京に住んでいます。
- I **want** to go to Australia. 　オーストラリアに行きたいです。

- It **is** December 27th. 　　12月27日です。

- Australia **is** bigger than Japan.
  　　　　　　　　　　オーストラリアの方が日本より大きいです。

- Because it **is** good/bad. 　だって それが良い／悪いからです。

Making Questions and Answers

Diary & Question

Diary 12 日記12　　**Date:**
（日付）

Question 1 質問1

Question　家族の人に質問してみよう。

Answer　家族の人の答えを書いてみよう。

Diary & Question

Diary 13 日記13　　Date:
（日付）

Question 2 質問2

Question　友達に質問してみよう。

Answer　友達の答えを書いてみよう。

Diary & Question

Message

この本は、英語教室のレッスンの中から生まれました。
「すべての子どもたちが、国際社会で英語をツールとして、自分の目標を達成できるだけの英語力を身につけてほしい」
この目標への第一歩となる本書を作り上げるために、多くの方に協力していただきました。

毎日のように「子どもたちに使いやすく、わかりやすい本をつくりましょう！」と優しく導いてくださった、
三修社編集部の松居奈都さん、営業部の大野由紀尋さん。
厳しいスケジュールにもかかわらず、小技を効かせた素敵なデザインに仕上げてくださった、
ラブデザインの越阪部ワタルさん、新見知子さん。
（本書のイラストには、キャラクターそれぞれにストーリーがあるといいます。
そのすべてをここで紹介したいくらい、私はこのイラストたちが大好きです）
アルゴクラブの中屋敷俊明社長。
毎週、元気に教室に通ってくれている子どもたち、その子どもたちをサポートしてくださっている保護者の皆さま。
子どもたちに英語を楽しくレッスンしてくれている Amupam, Greg and Deb。
仕事をする母を励まし、協力してくれている息子たち。
皆さまの協力がなければ、この本を作り上げることはできませんでした。

この本を手に取ってくださり、本当にありがとうございます。
子どもたちが、いつも笑顔でいてくれることが本当に幸せです。
この本が、子どもたちにとって楽しく、自分の気持ちを英語で表現できるきっかけとなることを祈っています。
たくさんの感謝を込めて。

能島 久美江

英語で発想・英語で表現！ えいごで日記 Let's write a diary in English!

2007年 8 月10日　第 1 刷発行
2019年 2 月10日　第 13 刷発行

著　者　　能島 久美江
発行者　　前田 俊秀
発行所　　株式会社 三修社
〒150-0001　東京都渋谷区神宮前 2-2-22
TEL 03-3405-4511　FAX 03-3405-4522
振替 00190-9-72758
http://www.sanshusha.co.jp
編集担当　松居 奈都

装丁・イラスト・本文デザイン　　越阪部 ワタル（ラブデザイン）
本文レイアウト　　新見 知子（ラブデザイン）
印刷・製本　　株式会社 リーブルテック

©Kumie Noujima 2007 Printed in Japan
ISBN978-4-384-05475-0 C8082

JCOPY 〈出版者著作権管理機構 委託出版物〉
本書の無断複製は著作権法上での例外を除き禁じられています。複製される場合は、
そのつど事前に、出版者著作権管理機構（電話 03-5244-5088 FAX 03-5244-5089
e-mail: info@jcopy.or.jp）の許諾を得てください。